Dieses Buch gehört:

....

Frauke Nahrgang
mit Bildern von
Angela Fischer-Bick

Die kleinen Lesedrachen

Paulchen haut ab!

Lesen lernen
1. Klasse
ab 6 Jahren

Klett Lerntraining

Bibliografische Information der Deutschen Nationalbibliothek
Die Deutsche Nationalbibliothek verzeichnet diese Publikation in der Deutschen Nationalbibliografie; detaillierte bibliografische Daten sind im Internet über http://dnb.d-nb.de abrufbar.

Dieses Werk folgt der neuesten Rechtschreibung und Zeichensetzung.

Auflage 3 2 1 | 2014 2013 2012
Die letzten Zahlen bezeichnen jeweils die Auflage und das Jahr des letzten Druckes.

www.lesedrachen-club.de
Der Online-Zugang zum Lese-Führerschein
ist bis fünf Jahre nach Erscheinen des Buches gewährleistet.
Teamleitung Lernhilfen Grundschule: Susanne Schulz
Redaktion: Jette Maasch
Umschlaggestaltung und Layout: Sabine Kaufmann, Stuttgart
Umschlagillustration: Angela Fischer-Bick, Bremen
Leitfiguren Drachen: Thomas Thiemeyer, Stuttgart
Satz: Noch & Noch GbR, Menden
Druck: G. Canale & C. S.p.A., Turin
Printed in Italy
ISBN 978-3-12-949063-1

Inhalt

Keine Zeit für Paulchen

Paulchen langweilt sich.
Niemand hat Zeit
für den kleinen Hund.
Nicht mal Marie.
Da kann Paulchen winseln
so viel er will.

„Sei still, Paulchen!“,
schimpft Marie nur.
„Ich muss Hausaufgaben machen.“
Hausaufgaben?
Was ist das?
Sicher etwas ganz Blödes.

Missmutig trottet Paulchen
hinaus in den Garten.
Plötzlich entdeckt er
hinter der dichten Hecke
ein Loch im Zaun.
Wie aufregend!

Eigentlich darf Paulchen
nicht weglaufen.
Aber er will ja nur
einen kleinen Ausflug machen.
Entschlossen zwängt er sich
durch das Loch ins Freie.

Noch nie war Paulchen
allein unterwegs.
Wie herrlich die Bäume duften,
wenn niemand ungeduldig
an der Leine zerrt!
Er kann sich nicht satt riechen.

In Nachbars Garten
kläfft der wilde Harro.
Sicher ist er neidisch,
weil er nicht alleine
spazieren gehen darf.

Paulchen reckt die Nase
und stolziert am Zaun
auf und ab.
Harro schnappt fast über.
Geschieht ihm recht,
dem Angeber!

Plötzlich steht Paulchen
vor einer großen Kiste.
Er schlüpft neugierig hinein.
Hier gibt es Möbel wie daheim.
Sogar ein weiches Sofa.
Paulchen macht es sich bequem.

Rums – eine Tür fällt zu.
Es ist plötzlich stockdunkel.
Brummend setzt sich
die Kiste in Bewegung.
Da wittert Paulchen
die Bescherung.

Die Kiste ist einer
von den gefährlichen Flitzern,
die durch die Stadt rasen,
fürchterlich Krach machen
und stinken.

Lese-Rallye

1

Warum hat Marie
keine Zeit für Paulchen?

T ○ weil sie lieber spielen will

M ○ weil sie fernsehen möchte

U ⊗ weil sie Hausaufgaben machen muss

2

Wie kann Paulchen
aus dem Garten entwischen?

U ○ Die Gartentür steht offen.

M ⊗ Im Zaun ist ein Loch.

I ○ Paulchen springt über die Hecke.

3

Wer ist Harro?

C ○ Paulchens Freund

Z ⊗ der wilde Hund von nebenan

E ○ Maries neuer Hund

4

Was ist das für eine Kiste, in die Paulchen springt?

L ○ ein Umzugskarton

P ○ ein Möbelgeschäft

U ⊗ ein Umzugsauto

Eine hoffnungsvolle Spur

Paulchen bellt und jault.
Aber niemand hört
den kleinen Hund in Not.
Wenn er doch nur
wieder zu Hause wäre!
Er würde nie mehr weglaufen.

Plötzlich bleibt die Kiste stehen.
Die große Tür öffnet sich wieder
und quietscht dabei fürchterlich.
Mit einem Satz springt Paulchen
in die Freiheit.

Er rennt und rennt.
Weg, nur schnell weg
von der schrecklichen Kiste.
Schließlich bleibt er
erschöpft stehen
und hechelt nach Luft.

In dieser Gegend
war er noch nie.
Wo ist Marie?
Wo ist zuhause?
Paulchen kennt sich
nicht mehr aus.

Überall irrt
der kleine Hund umher.
Den Weg nach Hause
findet er nicht.
Es wird schon dunkel.
Seine Pfoten tun weh.

Doch plötzlich macht sein Herz
einen Sprung.
Hier im Hof ist Paulchen
schon einmal gewesen.
Zusammen mit Marie.
Das kann er deutlich riechen.

Damals waren noch
viele andere Kinder
auf diesem großen Hof.
Alle redeten aufgeregt
durcheinander.

Und alle hatten
große Tüten im Arm.
Die dufteten herrlich.
Aus Maries Tüte hat Paulchen
sogar ein paar Leckerbissen
bekommen.

Lese-Rallye

5

Was nimmt Paulchen sich
fest vor?

G ◯ Ich will nie mehr weglaufen.

A ◯ Ich will Harro nie mehr ärgern.

B ◯ Ich will nie mehr bei den Hausaufgaben stören.

6

Warum geht Paulchen nicht auf dem schnellsten Weg nach Hause?

- **V** ○ weil er noch ein kleines Abenteuer erleben will
- **Y** ○ weil Marie immer noch keine Zeit hat
- **S** ☒ weil er sich verirrt hat

7

Welche Tüten hatten die Kinder im Arm?

- **Y** ○ Obsttüten
- **C** ○ Brötchentüten
- **A** ☒ Schultüten

Höchstens ein kleiner Ausflug

Viele Kinder, viele Spuren!
Kein Problem!
Eine feine Nase findet
die richtige Spur ganz leicht.
Erleichtert flitzt Paulchen los.

Bald riecht alles wieder
ganz vertraut.
Nun ist es nicht mehr weit
bis nach Hause.

Da – bekannte Stimmen!
Paulchen spitzt die Ohren.
Das ist seine Familie.
Alle suchen eifrig
nach dem Hund.

Paulchen bellt ausgelassen.
„Da bist du ja endlich,
du kleiner Ausreißer!“,
ruft Marie.
Zärtlich nimmt sie ihn
in ihre Arme.

Paulchen schmiegt sich an
und lässt sich
in sein Körbchen tragen.
Es ist gut,
wieder daheim zu sein!

„Wie bist du denn
aus dem Garten entwischt?“,
will Marie wissen.
Da legt Paulchen schnell
die Nase auf die Pfoten
und kneift die Augen zu.

Das Loch bleibt besser
Paulchens Geheimnis.
Nein, er will nicht mehr
weglaufen.
Ganz bestimmt nicht.
Höchstens mal ...

... einen kleinen Ausflug machen.
Nämlich dann,
wenn Marie wieder einmal
nur Blödsinn im Kopf hat.
Hausaufgaben zum Beispiel.

Lese-Rallye

8

Was denkt Paulchen
über Hausaufgaben?

A ☐ Sie sind schrecklich wichtig.
U ☒ Hausaufgaben sind Blödsinn.
K ☐ Hausaufgaben machen Spaß.

9

Wie nennt Marie ihren Hund?

T ○ Ausreißer

D ○ Frechdachs

A ○ Rumtreiber

10

Wird Paulchen seiner Familie das Loch im Zaun zeigen?

V ○ Ja, das muss endlich mal repariert werden.

O ○ Nein, das Loch soll sein Geheimnis bleiben.

H ○ Nein, denn niemand mag so ein Loch.

Lösungswort

Hast du alle Fragen
der Lese-Rallyes beantwortet?
Dann trage auf dieser Seite
das Lösungswort ein.

So funktioniert es:

- Trage unten in die Felder die Buchstaben der richtigen Antworten ein.
- Tipp: Das Lösungswort hat etwas mit der Geschichte zu tun!

Das Lösungswort lautet:

U	M	Z	U	G	S	A	U	T	O
1	2	3	4	5	6	7	8	9	10

Dein Lese-Führerschein

Auf dem Weg zu deinem
Lese-Führerschein
geht es so weiter:

Gehe gemeinsam mit deinen Eltern auf **www.lesedrachen-club.de**, und melde dich mit ihrer Hilfe kostenlos mit einer E-Mail-Adresse und einem selbst gewählten Passwort an.

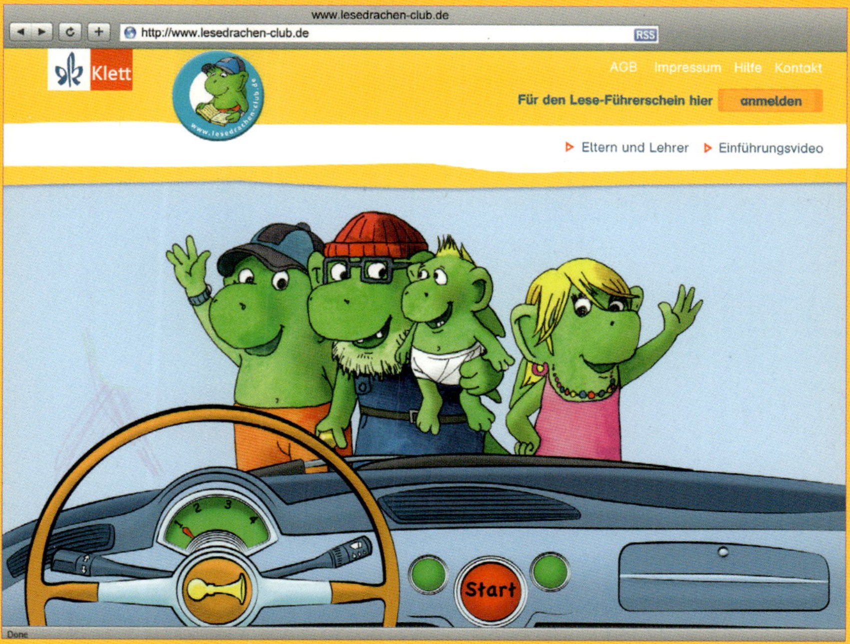

Klicke dann auf Start, und wähle auf der Seite dein Buch aus.

Gib nun das Lösungswort ein,
bestätige die Eingabe mit OK,
und schon hast du 100 Punkte
auf deinem Punktekonto gutgeschrieben!

Nun kannst du dich mit den Lese-Übungen,
die für dein Buch angezeigt werden,
im Lesen richtig fit machen und
die noch fehlenden Punkte sammeln.

Hast du alle Fragen richtig beantwortet, wartet dein Lese-Führerschein auf dich!

Die kleinen Lesedrachen wünschen dir viel Erfolg!

Lesen lernen mit dem Schulbuchprofi …

… und den kleinen Lesedrachen mit Lese-Führerschein online

www.lesedrachen-club.de

… und Wickie mit starken Fragen für helle Köpfe

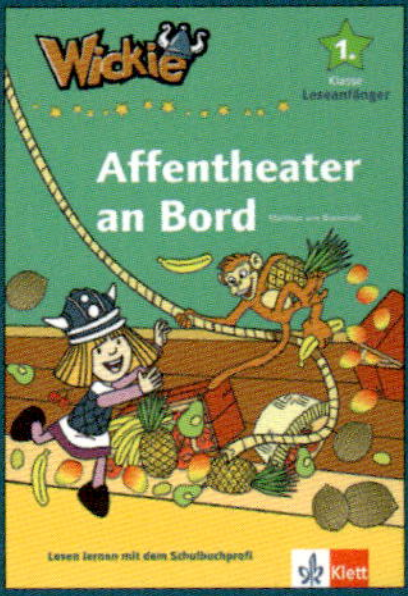

Viele weitere Titel sind im Buchhandel erhältlich.

... und besten Freunden

... und Bibi & Tina mit Hufeisenquiz

... und Bibi Blocksberg mit Hexenquiz